Mi Little Golden Book sobre
FRIDA KAHLO

Escrito y traducido por Silvia López

Ilustrado por Elisa Chavarri

Los editores agradecen la asistencia de la escritora de arte y cultura
Eva Recino en la preparación de este libro.

 A GOLDEN BOOK • NEW YORK

Derechos reservados del texto © 2021 Silvia López
Derechos reservados de la portada e ilustraciones © 2021 Elisa Chavarri
All rights reserved. Published in the United States by Golden Books, an imprint of Random House Children's Books, a division of Penguin Random House LLC, 1745 Broadway, New York, NY 10019. Golden Books, A Golden Book, A Little Golden Book, the G colophon, and the distinctive gold spine are registered trademarks of Penguin Random House LLC.
rhcbooks.com
Educators and librarians, for a variety of teaching tools, visit us at RHTeachersLibrarians.com
Library of Congress Control Number: 2019951239
ISBN 978-0-593-17438-8 (trade) — ISBN 978-0-593-17439-5 (ebook)
Printed in the United States of America
10 9 8 7 6 5 4 3 2

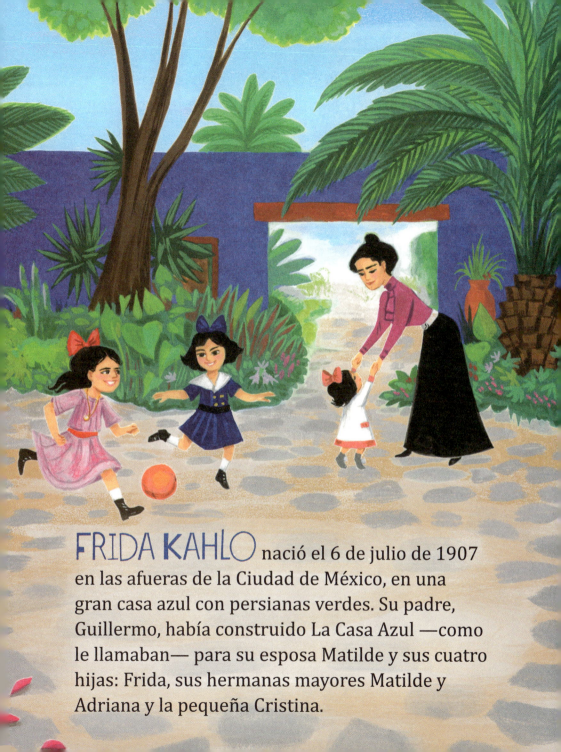

FRIDA KAHLO nació el 6 de julio de 1907 en las afueras de la Ciudad de México, en una gran casa azul con persianas verdes. Su padre, Guillermo, había construido La Casa Azul —como le llamaban— para su esposa Matilde y sus cuatro hijas: Frida, sus hermanas mayores Matilde y Adriana y la pequeña Cristina.

El patio central de La Casa Azul era perfecto para explorar. Frida coleccionaba piedrecitas, hojas e insectos, pues era muy curiosa. Quería estudiar medicina.

Una mañana, Frida sintió un fuerte dolor en una pierna. Tenía poliomielitis, una enfermedad que afecta a los músculos. Hoy existe una vacuna para prevenir la polio. Pero en esos tiempos no había cura.

La pierna de Frida quedó débil, obligándola a permanecer en cama por meses. ¡Qué aburrido! Frida se entretenía empañando una ventana con su aliento. Dibujaba una puerta con el dedo y se imaginaba que volaba afuera y que se iba a bailar con una amiga secreta.

Frida mejoró, y aunque cojeaba, era fuerte e independiente. Su padre le animaba a hacer deportes, ¡hasta la lucha libre! Guillermo era fotógrafo. Le mostraba edificios hermosos y le enseñaba el bello arte y la historia de México. Sabía que su hija era inteligente.

Frida fue aceptada en una escuela secundaria excelente de más de dos mil alumnos. Solo treinta y cinco eran niñas. Frida era buena estudiante, aunque muy traviesa. ¡Un día llevó a la escuela un burro a escondidas y lo dejo paseando por los pasillos!

Un día, un artista llamado Diego Rivera vino a la escuela a pintar un mural.

Frida le hacía travesuras. Le robaba el almuerzo. Silbaba tras sus espaldas. Pero también admiraba su trabajo. Los ojos de Frida, bajo oscuras cejas en forma de ala, brillaban al verlo pintar.

La Casa Azul era un lugar alegre. Frida enseñaba arte a chicos con talento. Y los días de fiesta de México los celebraba por todo lo alto.

Cuando la Ciudad de México organizó una exhibición de sus cuadros, los médicos le aconsejaron que no fuera. Pero Frida hizo traer su cama desde La Casa Azul y fue en ambulancia. Luciendo su mejor atuendo ¡saludó a sus admiradores acostada!

La salud de Frida nunca fue buena, pero no dejó de trabajar todos los días. Creó bellas pinturas de sí misma, de su familia y de personas que admiraba. Todas sus emociones las expresaba con su arte. En su último cuadro pintó sandías rojas y verdes, cómo la bandera mexicana. En una de las tajadas escribió, Viva la Vida.

Frida murió donde nació: en La Casa Azul, el 13 de julio de 1954. Hoy es el Museo Frida Kahlo, visitado por cientos de personas al año.
La Casa Azul sigue llena de vida.

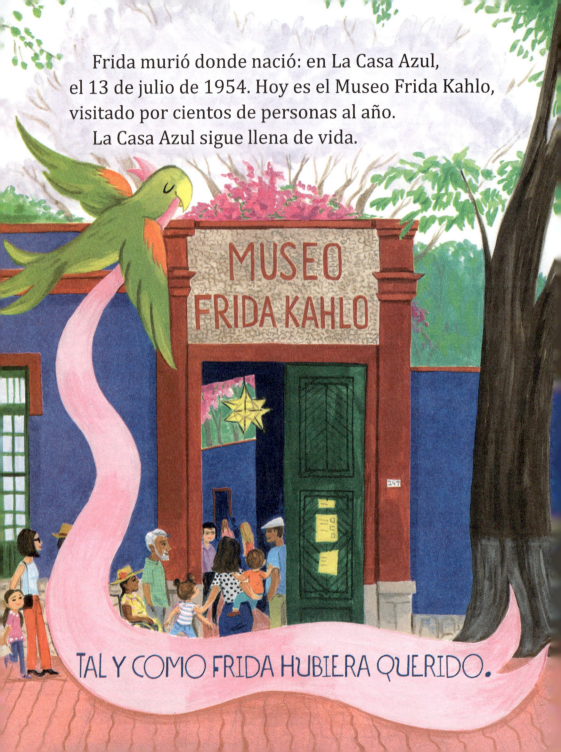

TAL Y COMO FRIDA HUBIERA QUERIDO.